JN437878

하늘 맑고
기름진 이 땅에서...

이수종 시집

문운당

작가의 말

제 3 집이 나온 지가 엊그제 같은데 벌써 한해가 지났다. 경상북도 내륙지방과 동해안, 전라남도 서해안 일부를 여행할 기회가 있어서 그곳 사람들을 만나 많은 대화를 나눈 것이 무엇보다도 삶의 한 획을 그었다. 그리고 몇 편은 과거 속에 묻혀있던 필자의 경험을 토대로 현 시점에서 구성해 보았으며 본인의 내밀한 이야기도 함께 실었다. 의미 깊은 내용과 은유법의 글을 구사하지 못해 부끄러울 뿐이다.

차 례

첫•번•째•이•야•기

우리 사는 주변의 이야기

두•번•째•이•야•기

여행 중에 만난 산하

세•번•째•이•야•기

옛 생각

네•번•째•이•야•기

어머니 아버지

첫•번•째•이•야•기

우리 사는 주변의 이야기

팽나무 그 이후

할배, 할매 팽나무
나루에 온지 두해가 넘었다
낯선 곳에 정情 붙임이 쉬운 일은 아니었을 터
어쩌다 잘못될까 애간장을 태우다가
날(擇日) 잡아 정성스레 농주農酒 한 잔 올렸다
옛 기운 되찾아 한시름 놓았다네

부산광역시 해운대구 수영강변 나루공원에 옮겨진 팽나무

봄이 오는 길목

바람에 묻혀온 화신花信과 함께
싱그러운 봄내음이 코끝에 와 닿는다

얼었던 땅에 스며든 따스한 입김
온누리는 활짝 기지개를 편다

대지大地를 뚫고 나온 새싹들의 숨소리
하늘을 향해 아지랑이 꽃이 된다

그림 속에 추억追憶을 담고

흐르던 냇물도 불던 바람도
한순간에 멈추었다

마지막 작업을 끝내고
긴 명상冥想에 잠긴다

사각四角 화폭畵幅 속에 갇힌
단절斷絶된 시간과 공간

먼 훗날
빛바랜 한 장의 사진처럼
우리를 이곳으로 데려다 주겠지

암자庵子의 새벽기도

산속 기도도량
바람에 흔들리는 풍경風磬소리
새벽 예불禮佛이 시작되고
낭랑한 염불소리가 경내境內에 퍼진다

법당法堂을 가득 메운 보살네들
드문드문 처사處士들도 보이고
마당에도 빈자리가 없다

등골을 타고 흐르는 땀이 적삼을 적신다
무엇을 위해 저토록 지극정성至極精誠일까

허탈 虛脫

한 사내가 걸어가고 있다
중얼중얼 흘러간 옛 노래를 입속에 담고

딸그락딸그락
비닐봉지에 든 소주병 부딪치는 소리
그것 없이는 잠 못 이룬다고 했다

자길 두고 먼저 간 안식구가 원망스럽기도 하고
티격태격 다툴 때가 그립다고 했다
그렁그렁 퀭한 눈에 눈물이 고인다

먹구름이 하늘을 덮고
후드득 내리는 비가 사정없이 얼굴을 때려도
그가 떼는 발걸음은 마냥 무겁기만 하다

달빛

창문 두드리는 소리
어른거리는 그림자
살랑한 밤바람과 함께 그가 왔다

어제는 구름이 한바탕 난리를 치더니
오늘은 하늘이 활짝 열렸다

밤은 새벽을 향해 점점 깊어 가고
컹컹 짖어대던 견공犬公도 잠들었는지 잠잠하다
나뭇잎 속삭이는 소리가 은은隱隱하게 들린다

하늘까지 닿은 동네

하늘과 땅이 맞닿은 곳
꽃피고 새들 노래하는 낙원이어라

해는 산 위에서 솟고
산 너머로 진다

내내 마르지 않는 꿀같은 샘물
실개천이 되어 강으로 간다

산마루엔 삿갓구름
철쭉군락이 산을 덮은 선홍의 바다

여름은 여름이어서 좋고
가을은 가을이라서 더 좋다

겨울은 눈꽃 천지
이렇게 좋을 수가

난전 亂廛

어둑어둑한 새벽
날이 밝으려면 아직도 한참 있어야 한다

봉돌을 매단 것 같이 처지는 눈꺼풀
초겨울 찬바람이 옷 속을 파고든다

차비라도 아끼려 일찌감치 나왔단다 피곤도 접고
전廛이라고 해야 고작 세 홉合도 안되지만
그는 그게 그렇게 좋을 수가 없다고 했다

밑천 불어나는 재미도 쏠쏠하단다
처음엔 기어들어가는 소리에 얼굴도 못 들더니
이젠 장사꾼이 다 되었다

여긴 정찰제正札制가 통하지 않는 곳
몇 백 원도 안 되는 걸 갖고 실랑이가 벌어진다
아예 그만큼 덤으로 줘 버리는 것이……

그가 이 바닥에서 터득한 건
밑지고 판다는 것도 거짓말이지만
에누리 없는 장사도 없다는 거다

쑥대

키 재기라도 하듯
쑥쑥 하늘로 치솟더니
어느새 꼴머슴 허리만큼 컸다

억새가 노래하고 춤출 때
그는 수더분한 꽃을 피운다

명색이 혈통血統은 국화과菊花科다
누가 알아주든 말든……

낚시꾼의 거짓말

그는 강江을 좋아한다고 했다
아니 사랑한다고 했다
그러나 진짜 이유는 딴 데 있다

잔챙이만 걸려들었던 어제와는 달리
오늘은 뭔가 챌 것 같다며
주섬주섬 낚시를 챙긴다

입질이 시작되자 찌가 흔들리고
나이테 같은 파문波紋이 밀리어 온다
손끝에 전해지는 짜릿한 기분
이 순간만은 꾼만이 누릴 수 있는 특권特權이다

놓쳐버린 월척越尺을 잊지 못해
그는 또 강을 사랑한다고 말할 거다

산책 散策

아무도 찾지 않는 외딴 작은 섬
해변을 따라 그미가 걷고 있다

바람이 분다
옷자락이 바닷바람을 머금었다 내뱉는다
그건 나풀대는 나비의 날갯짓

쪼르르 바닷새는 앞질러 가고
파도는 밀려왔다 어디론가 가버린다

그가 남긴 발자국에 추억이 담긴다

밤의 무뢰한 無賴漢

자동차 타이어 아스팔트 긁는 소리
불쑥 나타난 또 한 무리
스피커가 내지르는 굉음轟音
하필이면 그것도 오밤중에
그들의 귀엔 악음樂音일지 몰라도
그건 귀청을 때리는 조음噪音
객석客席도 없는 무대舞臺에서
광란狂亂의 질주疾走가 이어진다

병상일기 病床日記

첫날
수액水液으로 채워진 사각 주머니
수류탄手榴彈처럼 생긴 작은 용기容器
헐렁한 환자복
왠지 모르게 처량한 생각마저 든다

평소의 무관심無關心이 자초自招한 화禍다
환자로서 지켜야 할 엄격한 수칙守則
옛 병영생활兵營生活이 연상된다

통증痛症이 없는 것이 신기하긴 해도
상처부위傷處部位를 달래느라
어거정어거정 걷는 게 남세스럽다

밤늦은 시각時刻, 이른 새벽
모두들 곤히 잠든 한밤중인데
잦은 배뇨排尿로 수잠을 잔다

닷새째 되던 날 저녁
“내일 이후엔 통원치료通院治療 하시오”

초가을의 불청객 태풍

산을 비틀고 바다를 뒤집어 놓더니
소리 없이 사라졌다

할퀴고 지나간 자리
차마 말로써는……
한숨과 탄식이 절로 나온다

무지無知와 방심放心
인재人災와 겹친 천재天災
또 한 차례 치르는 홍역紅疫

하늘도 무심하지
마음을 추스르고 일어선다 해도
막상 무엇부터 시작해야 할지

새들이 무리지어 비상飛翔한다
오늘따라 유난히도 하늘이 맑다

숫자 나이와 사는 나이

나는 회갑回甲을 훌쩍 넘겼다
하지만 시쳇말로 경로당敬老堂 막내 나이다

노인老人이라는 말이 귀에 거슬릴 뿐더러
받아들이는데도 어색하다

기력氣力은 약간 쇠衰하여도
아직 마음만은 젊은이다

뒷방 거사居士로 사는 게 싫다
철저한 자기통제自己統制만이
스스로를 지킨다는 것도 안다

보호받는 늙은이보다
불편해도 젊게 살고 싶다

도시 속의 정자亭子

빌딩 숲에 가려진 동네 한복판
딱히 갈데없어 둘러앉은 노인네들

굽어진 허리
저려오는 어깨
욱신거리는 무릎
그게 다가 아니라네

온 몸에 성한 곳 한군데도 없단다
그걸 누가 알아줄까

들고 있는 약봉지藥封紙가
왠지 모르게 안쓰럽다

특별한 말거리가 있는 것도 아니다
살아가는 자잘한 이야기 그것들로 소일消日한다

대장大腸 항문의肛門醫

똥꾸에서 나는 역한 냄새
세척洗滌이라도 좀 하고 올 것이지
의사 선생醫師先生 짜증도 날만하다

다들 예사롭게 여기는 질병疾病
온통 먹는 데만 정신을 쏟고
정작 중요한 건 잊고 산다

알기 힘든 이름의 간판看板
굳이 피할 이유가 뭘까
아무개 항문외과 좋기만 한데

인술仁術과 ??
감히 이 길을 택한
몇 안 되는 히포크라테스의 후예後裔들
이들이 있기에 그나마 다행이다

끼(氣)

어느 날 흘러들어온 사당寺黨패

억누르고 살아야만 했던 자학自虐의 순간순간들
설렘과 두려움이 교차하는 갈등葛藤
밤새도록 뒤치락대며 잠을 설쳤다

그는 행세行勢하던 알만한 집안의 새댁이었다
감출 수 없는 태생적胎生的 본능本能
조신操身하지 않은 행동에 집안 어른들 혀를 찼다

가문家門과 체통體統이라는 인습因襲의 굴레를 벗고
반상班常으로 구분된 신분身分마저 내려놓았다
잠행潛行 그리고 가출家出

문중門中의 분노憤怒는 극極에 달했고
삭적削籍의 무거운 형벌刑罰로 그와 연緣을 끊었다

그가 놀이패를 따라나선 건 그렇다고 해도
남은 가족은 그에게 어떤 의미意味의 존재였을까

남의 흉은 사흘이라 했는데
입소문을 타고 전해지다 끊긴 그의 행적行蹟과는 달리
그를 향했던 비난非難과 정제整齊되지 않은 독설毒說은
오랫동안 세인世人들의 입방아에 오르내렸다

홍興과 한恨을 넘나던 신명
그것이 그가 갈망渴望했던 삶의 가치價値였는지도
모른다

대밭竹田의 합창

뒤뜰 대나무밭
떼 지어 재잘대는 참새들의 노래
쉬이쉬이 댓잎은 반주伴奏를 한다

강아지에 쫓긴 닭들
대밭을 휘젓고
화들짝 놀란 새들 날아가 버린다

포옹식 抱擁式 인사 人事

안고 야단이다
그게 반가움의 표시란다
악수握手조차 삼갔던 때도 있었는데……
겸연慊然쩍어서인지 한쪽 볼만 비빈다
양손을 가지런히 포개고 머리를 숙여 절하던
그건 한복韓服에나 어울리는 것 이었나
어쩌다가 인사마저 수입품輸入品에 밀렸을까

이 시대를 사는 남자男子들

냉장고冷藏庫 안을 채우는 건
며칠간 집을 비운다는 신호信號란다

시시비비是是非非하다간 때 거르기 십상
당당堂堂하지 못한 처신
남자의 위신威信이 말이 아니다

전업주부專業主夫 이게 웬 말
호기豪氣롭던 기개氣槪는 다 어디로 갔나
못난이 그 이름은 맹꽁이 맹꽁맹꽁

뷔페

북적 거린다
옆 사람과 부딪치기 일쑤
접시 하나에 섞어 담아 찬饌 반飯 구분 없다
식탁食卓 위에 어지럽게 놓인 수저와 포크
그리고 나이프
아무렇게나 구겨져 너저분하게 널린 볼썽사나운 휴지
시간에 쫓긴 걸까 다들 게걸스럽게 먹어댄다
정서情緖에도 맞지 않고 품위品位마저 실종된 북새통
식도락食道樂의 느긋함은 찾아보기 힘들고……

살다 보면

살다 보면 몸에 칼 맞을 때도 있고
살다 보면 전기고문電氣拷問도 당한다
살다 보면 쇠꼬챙이에 찔리기도 하고
살다 보면 불 지짐도 받고 독배毒杯도 든다

명命은 하늘의 뜻
병病을 다스리는 건 남 아닌 자기自己
의사醫師의 몫은 고통苦痛을 덜어주는 것
살다 보면……

하늘이 말리면

산山은 나를 오라 손짓하네
구름(雲)은 봉우리를 이고
좀처럼 길을 알려 주지 않네

산은 나를 기다린다 하네
안개(霧)는 문지기(守門將)가 되어
접근을 허락許諾하질 않네

산은 나더러 더는 오르지 말라 하네
때가 아니라네
왔던 길로 되돌아가라 하네

엉뚱한 생각

종발鐘鉢에 백포도주를 붓고
동그란 세상을 들여다본다
겉모습은 질박質朴해도
우윳빛 속살은 그지없이 아름답다
풍기는 은은한 향香도 그대로다
달라진 거라곤 아무것도 없다
동서양東西洋의 만남 외엔……

추모 追慕

그가 간지 일 년
그를 아끼던 친구들이 방을 메웠다
모르는 얼굴도 더러 보인다
ㄱ., ㅊ., ㅌ. 그들이야 빠질 리가 없지
불쑥 그가 들어설 것만 같다

애주가愛酒家에다 미식가美食家였던 그
허름한 골목집이라도 마다하질 않았고
차림표(메뉴)가 많은 집은 별로라고 했다

오늘따라 유난히도 추위가 매섭다
미리 소한小寒 값을 톡톡히 하나보다
그가 즐겨 부르던 "충청도 아줌마"가 귓가에 맴돌고
한길까지 나와 배웅하던 그의 빈자리가 발길을 잡는다

일탈 逸脫

어떻게 이런 일이
곡차穀茶는 서양 술(洋酒)로 바뀌고
어포魚脯 육포肉脯와 어우러진 주지육림酒池肉林

너 댓 둘러앉아
방바닥에 대고 치는 딱지놀이
신선놀음에 도끼자루 썩는 줄 모른다더니
간간이 흘러나오는 호쾌豪快한 웃음
시간 가는 걸 잊었나 보다

실수失手였다면 좋았을 텐데
그래도 빠진 게 하나는 있어 천만다행千萬多幸이다

일러바친 씨씨티브이도 고약하긴 마찬가지
부처님도 돌아앉겠네

이젠 나눌 때다

열(十)에서 하나(一)를 빼면 분명 아홉(九)
그걸 열하나(十一)란다
십시일반十匙一飯
못사는 사람 돕자고 하는 일인데
껍질이 두꺼운 변종變種 고추처럼
몸통만 불리면 뭣하나
뺄셈과 덧셈은 생각의 차이差異

선생先生 호칭稱呼

스승에게만 불렀던 존칭어尊稱語
이제는 일반 호칭呼稱처럼 되어 버렸네
여기도 저기도 선생, 천지 삐까리다
혼란混亂스럽다기보다 어이가 없다
승려僧侶가 스스로 스님이라 하듯이
자기를 선생이라 칭稱하는 것도 무지無知의 소치所致
공자孔子 맹자孟子가 들었으면 허허 껄껄 웃겠다
한 때는 사모님 소리가 유행流行처럼 번지더니……

우리에게 레미제라블은

한때 돌림병 같은 덫에 갇힌 수많은 사람들이
촛불을 켜들고 오랫동안 광장에서 집회集會를 했다
말도 안 되는 소리로 꾼들이 그들을 꾀고 부추겼다

패牌를 가르고
무소불위無所不爲의 세勢를 과시하던 그때를 탐貪하다
민의民意에 역행逆行하는 우愚를 범했다

세월도 이들에겐 약藥이 되지 못했다
투사鬪士는 일이 끝나면 조용히 사라지는 법인데
썩은 돈 냄새와 권력 맛을 잊지 못해
무모하게 설쳤다

한 해에 두 번이나 지나간 큰 물결
이젠 차분할 때다
함성喊聲과 탄성歎聲
그게 보통사람들의 생각이라는 걸 알았으면……

사랑 타령

사랑은 진흙 속에 피어나는 연꽃蓮花이다
사랑은 집착執着에서 벗어난 자유自由다
사랑은 눈으로 느끼는 체온體溫이다
사랑은 끝이 아니고 시작始作이다
사랑은 한결같은 믿음(信)이다
사랑은 닫힌 마음을 여는 열쇠다
사랑은 양보讓步하는 배려配慮다
사랑은 용서할 줄 아는 용기勇氣다
사랑은 인내忍耐하는 여유餘裕다
사랑은 태어날 때부터 물려받은 유산遺産이다
사랑은 불안不安을 걷어내는 힘이다

내가 산사山寺를 찾는 것은

호거산 중턱에 자리잡은 기도도량祈禱道場
고즈넉한 암자庵子, 운문사雲門寺 사리암邪離庵
경經을 따라 읽으며 배례拜禮하길 백 여덟 번(百八拜)

마음을 비운답시고
수없이 불러보는 나반존자羅盤尊子 나반존자
불심佛心은커녕 삿된 생각(俗心)들이 꼬리를 문다

낙상 落傷

원숭이도 나무에서 떨어질 때 있다더니
가로등街路燈이 꺼지는 순간
내 집 마당에서 발을 헛디딘
어이없는 공중낙하空中落下
그래도 엉덩방아 안 찧길 천만다행千萬多幸이다

신자申字가 붙은 나이 올해 날(出) 삼재三災란다
간과看過해 버릴 수 없는 우리네 인습因襲
궂은일에는 잘도 맞아 떨어진다

묵직한 깁스붕대(石膏繃帶)가 발목을 덮고
클러치(목발)가 보행步行을 돕는다
거실居室에선 무릎걸음 영락없는 늙은 애다
어쩔 도리가 없다
수발드는 내자內子가 고마울 뿐이다

세상사 世上事

산山을 가슴에 품고
바다(海)를 동이에 담으려 하네

다 될 것만 같은 세상일
안 되는 일도 더러 있다네

된다는 것도 알고
안 된다는 것을 아는 것도 능력能力이라네

바람아 불어라

감미롭게 들리는 귀에 익은 소리
꽃향기 가득 실어 봄을 알린다
녹음綠陰이 짙어진 푸르른 날에
나뭇잎을 흔들어 춤추게 하네
떠가는 구름위엔 높은 하늘이
휘리리릭 불어대는 휘파람 소리
누군가 했더니 바람이었네

고목 古木

지겹도록 퍼붓던 억수장마
뿌리째 흔들던 태풍颱風
살을 에는 삭풍朔風과 눈보라에 맞서
어렵사리 용케 견디어 왔다

언젠가는 고목枯木이라고 불려 질 이름
그게 숙명宿命인지 모른다

떨어져 나간
말라버린 푸석한 잎들
가지에 살짝 걸친 뒤 어디론가 가버린다

두•번•째•이•야•기

여행 중에 만난 산하 山河

길고 좁은 바다

좁은 수로水路를 따라 들고 난다
강江이라 부르는 게 더 어울릴 것 같다

바닥은 속살을 내보이고
또 채울 채비를 한다

중천에 있던 해가 멀찌감치 달아나 버리더니
멈칫 수평선에 줄타기를 한다

벌겋게 달구어진 불덩이를
바다가 널름 삼켜버린다

전남 영광군 백수면 대덕리에서 입암리에 이르는 길이 3.5 km 정도의 기다란 바다, 상류에 와탄천 배수문이 있다. 얼핏 보면 강처럼 보이나 분명 바다이다.

월내역 月內驛

어둠이 걷힌 앞바다에 갈매기가 날고
조용하던 어촌漁村의 하루가 시작된다

포구를 낀 동해남부선東海南部線의 작은 역驛
기적汽笛을 울리며 달려온 기차汽車
잠깐 머물다 간다
손에 들고 머리에 인 아낙들
출발 시간 맞추느라 부산하게 움직이고
잠을 설친 통학생들
기차 들어오기가 무섭게 재빨리 오른다
그 때 새벽의 역은 늘 그랬다

예전 같지 않은 썰렁한 객실客室
묵직한 바퀴가 구르면서
열차列車는 종착역終着驛을 향해 달려간다

가난한 여행객

아!
시장해
요기를 하러
이리저리 찾아봐도
허기를 채울 데가 없다
어촌에 와서 산나물을 찾으니
이상한 사람으로 취급받을 수밖에
백 명에 채식하는 사람 한 둘
아직도 생소한 음식문화
체질이라고 말하고
사정을 하자
한번만
딱!

눌차만灣의 죽도 竹島

바다는 바다인데
호수湖水 같은 바다

외롭게 버텨온 나들목 지킴이
돌 좌대座臺를 깔고 앉은 솥뚜껑 같은 것이

썰물이면 산이 되고
밀물이면 섬이어라

사람들은 그저 댓섬이라 부른다

댓섬이라 불리는 죽도는 부산광역시 강서구 천가동 눌차만에 있는 약 9천 7백 평방미터 넓이의 무인도이다.

폐선 廢船

녹록치 않은 바다
풍랑風浪에 맞서 한 세대世代를 풍미했다

만선滿船으로 귀항歸港하기도 했는가 하면
한 때는 심해深海에 수장水葬될 뻔도 했다
그건 모울 때(船舶建造)부터 이미 정해진 운명

세월歲月을 이길 장사壯士 없다더니
비켜가지 않는 노후老朽
이젠 올려놓을 때다

차창에 비친 바다와 산

들판을 가로질러
산모퉁이를 돌자마자
막幕오른 무대舞臺처럼
한눈에 들어온 바다
그것도 잠시
산 뒤로 숨어버린다
산과 바다의 숨박질은 이어지고……

죽변항 竹邊港 (1)

태백太白의 골바람이 멈추면
동해東海의 바닷바람이 기다린 듯 춤을 춘다

검푸른 바다
하얀 물보라를 뒤집어쓰고
맹수猛獸처럼 달려온다

언젠가 한번 왔던 낯설지 않는 곳
인심 좋은 작은 어항漁港이다

언덕배기에 촘촘히 들어선 집들
없던 찻길도 생기고
옛 모습은 변했지만 그래도 좋다

죽변항 (2)

어둠이 드리운 내항內港
출항出港을 기다리는 오징어잡이 배들
마치 소쿠리에 담아 놓은 강낭콩(江南豆) 같다

배가 일렁일 때마다 남포 등燈이 흔들리고
불빛은 꼼틀거리며 바다 속으로 파고든다

시끄럽던 취객醉客들의 입씨름도
해변을 달리던 자동차 소리도 잠잠하다

부서지는 파도소리만 들릴 뿐
밤은 점점 깊어만 간다

가을

파아란 하늘에 뭉치구름
마치 솜사탕을 띄운 것 같다

들에는 나락(벼)이 누렇게 익어가고
뒤뜰엔 빠알간 연감이 주렁주렁 달렸다
장독대에 고양이는 늘어지게 낮잠을 잔다

안마당 멍석에 널어놓은 햇고추
암탉은 요리조리 잘도 피해 다니는데
강아지 놈 또 한바탕 난리를 친다

성가시게 울어대던 매미소리가 꼬리를 감추자
잠자리 녀석들이 떼를 지어 난다
길가엔 코스모스가 활짝 피었다

경상북도 포항시 흥해읍 들녘의 오후 한때

불영사 佛影寺

물길 거슬러 굽이굽이
봉화奉化로 넘어가는 첩첩산중疊疊山中

용추(瀑布)에 머리 씻고
불영(폭포)에 발 담그고
동해안의 명소名所 천축산天竺山 천년고찰千年古刹

어제 내린 장대비에
콸콸거리며 흐르는 계곡溪谷의 물소리

전나무 숲이 산을 메우고
새소리가 하늘을 난다

해돋이 골에서 동해東海를 바라보며
의상대사義相大師는 무슨 생각을 했을까

불영사 전경

춘양목 春陽木

고산준령高山峻嶺의 정기精氣를 타고
태어나서 수십 년을 살다
궁궐宮闕의 기둥도 되고
서까래가 되기도 한다
죽어서도 다시 사는 몇 백 년
황장목黃腸木, 춘양목, 적송赤松
그중에서도
춘양면春陽面의 이름을 따 춘양목이라 부른다네

노루재 가는 길

잠시도 한눈을 팔 수 없는 가파른 에스S 자字 고갯길
스티어링 휠을 단단히 잡고
브레이크와 가속페달을 번갈아 밟는다

비(雨)라도 만나면 어쩌나 했는데
다행히 날씨가 부조扶助를 한다

소광리를 지나 소천小川땅이다
법전法田으로 가는 데는 노루재를 넘어야 했다
트럭이라도 마주치면 애를 먹었다던 좁은 찻길
이젠 인적人跡마저 뜸한 멈추어버린 옛길이 되었고

터널을 뚫고 새로 닦은 넓은 길
여느 길과 다름없어 아쉽기만 하다

반쯤 내린 문 사이로 소슬바람이 비집고 들어온다
바람에 묻혀온 짙은 솔향기
긴장緊張과 피로疲勞가 단숨에 가신다

금강송 金剛松

군송일목群松一木
많은 식솔食率을 거느린 할배(祖) 소나무

오백五百하고도 스무 해를 더 살고 있다
백 살百歲 아래는 애송(어린 소나무)이다

한양漢陽에 나랏님이라면
울진蔚珍 소광리엔 제왕 송帝王松이 있다

춘양역 春陽驛

영주榮州에서 강릉江陵으로 가다보면 만나는
영동선榮東線의 작은 역驛
낡은 목조건물木造建物을 헐고 새 단장丹粧을 했다

기적汽笛 소리와 함께 들어오던 기차(蒸汽機關車)
퇴역退役한 지 오래다
이제는 디젤 기관차機關車와 전동차電動車가
섞여 달린다

이곳에서 실려 나간 벌채伐採된 아름드리의 적송赤松
어디 그것뿐이었을까
역驛은 알고 있다 불행했던 수탈收奪의 역사歷史를

봉화역奉化驛을 떠난 열차가 역내로 들어선다
그전엔 깃대 들고 수신호手信號를 했는데……

고택古宅을 지키는 사람들

주거住居의 개념槪念을 넘어
한 문중門中의 숨결이 깃든 공간
잇고 이어가는 전통傳統의 맥脈
조명照明되지 않은 종부宗婦들의 애환哀歡이 서려있다

세상은 엄청 빠르게 변모變貌하고
변화의 흐름은 이곳 고택의 담장도 넘었다
그건 도도滔滔하게 흐르는 물결이어라

왠지 늦가을 같지 않게 한기寒氣마저 든다
주인장主人丈의 얼굴에 살짝 스치는 옅은 그림자
결코 날씨 탓만은 아니리라

경상북도 봉화군 춘양면에 있는 만산고택

회룡포 回龍浦

산자락을 잡고
용꼬리(龍尾)처럼 길게 이어지다 멈춘 끄트머리

앞을 가로 막아선 암벽岩壁
물길은 걸음을 늦추고 맴돌기를 한다

어디로 갈거나
잠시 쉬다 가는 물래치기

지척咫尺에 두고
멀리 둘러서 예까지 왔다

사람들은 물돌이라고도 부르네

회룡포는 경상북도 봉화에서 발원된 내성천이 예천군 용궁면 대은리를 가운데 두고 강물이 휘도는 곡천으로 금천, 낙동강과 만나 삼강을 이룬다. 강원도 영월의 청룡포青龍浦와 경상북도 안동의 하회河回마을이 유명하다

기장 죽성竹城

평화롭던 강토疆土에 도륙屠戮을 일삼더니
이곳 두호포豆湖浦에도 성城을 쌓고 진陣을 쳤다
읍성邑城을 헐어다가 축성築城을 했단다

칠년간 피(血)로 물들인 임란(壬辰倭亂)
노역勞役에 끌려왔던 이 고장의 백성百姓들
그들의 원성怨聲이 들리는 듯하다

흐른 세월이 일곱 주갑(七周甲)이다
성벽城壁은 군데군데 허물어지고
누렇게 말라버린 잡초雜草더미가 이 자리를 메웠다

지척咫尺에 바다
갯내음을 머금은 냉기冷氣가 스멀스멀 옷 속을
파고든다
첫눈이 내리는 가 했더니 진눈깨비다

기장 죽성은 왜성으로 행정구역상 부산광역시 기장군 기장읍 죽성리에 위치하고 있다. 이종락 저 聖雄 李舜臣 그리고 日本城(왜성) 102~103쪽에 "기장 왜성은 1593(선조26년) 6월경에 왜장 구로다 나가마사(黑田長政)가 기장 읍성 및 두모포 영성을 헐어서 축성하였고 ----, 죽성리 마을 뒷산 산정(50 m)에 본성을 쌓고 이의 성역은 11 776평, 성역 둘레는 약 1 km, 높이는 약 4 m 3단으로 비스듬하게 축조되어 있다"라고 기술되어 있다.

농소農所왜성

들판을 가로지르는 수로水路
이 길을 따라가다 보면
평퍼진 야트막한 산을 만난다
봉우리가 삭평削平된 왜성倭城이 있던 자리다

그리 오래되지 않은 가깝던 지난날에
산에 올라 쇠꼴을 먹이며 장난치고 놀던,
누구도 옛 성터임을 말해주지 않았다

성城이라고 하기엔 드문드문 초석礎石만 남아
가르마가 된 큰길로 산은 두 동강이 났다
여느 야산野山과 다를 바 없어도
수난受難의 역사歷史가 고스란히 배어 있다

둑을 거닐다 한 곳에 눈길이 간다
죽도竹島가 손에 잡힐 듯하다

농소왜성은 경상남도 김해시 주촌면 농소리 조만강변에 있다. 조만강은 주촌면 선지리에서 시작하여 조만포를 지나 낙동강 서쪽지류와 조우한다. 한 때는 선지리까지 배가 드나들었다고 한다. 부산광역시 강서구 죽림동 낙동강변에 있는 죽도왜성과 농소왜성간의 직선거리는 약 6.3 km 정도이다.

세•번•째•이•야•기

옛 생각

고석정 孤石亭

아직 잠이 덜 깬 이른 아침
손님이 오시려나
산 까치는 울어대고

낙타 등처럼 삐쭉 솟은 바위
늙은 소나무가 이곳을 지킨다

긴 세월의 풍상風霜에도
고고孤高한 품위를 잃지 않은 의연毅然한 자태
언제 자리를 잡았는지 아는 사람 없다

협곡峽谷 사이로 흐르는 강물도
잠깐 머물다 길을 재촉한다
고송孤松은 좌선坐禪에 든 듯 미동微動도 없다

못골(大淵)

둑을 허물고
못을 메워
길도 내고
집을 지어 동네가 되었다
옛 모습은 사라져도
그나마 이름은 남았네

못골은 부산광역시 남구 대연동 일대를 옛날부터 불러오고 있는 지명이다. 50년 전만 해도 남구청사 뒤 쪽에 큰 못이 있었다.

길

비포장 자갈길
스쳐가던 차창 밖의 들녘
느릿느릿 황소걸음을 걸었다

산을 깎고 다리를 놓으니
강 건너편 동네가 이웃이 되고

어디 그뿐일까
바다 한가운데 말뚝을 박고
섬과 육지를 잇기도 한다

점점 좁혀지는 시간과 공간
되감기는 릴의 테이프처럼 빠르기만 하다

여름밤의 추억

대낮의 열기가 가시지 않아 후더분하다
마당에 멍석을 깔고
다들 둘러앉아 더위를 식힌다
모캐 연기가 모기를 쫓는다
아기는 엄마 무릎을 베고 잠이 들었다
도란도란 피고 지는 이야기꽃들
훌쩍 자정子正을 넘긴다
하얀 포물선이 산 너머로 사라진다

비애 悲哀

이랴!
노인의 쩌렁쩌렁한 목소리
아이는 송아지의 뺨에
타고 있는 싸릿대를 갖다 댄다

한나절 이어지는 강행군強行軍
방천防川가에 서서 질러대는 또래들의 놀림노래
그래 나는 꼴머슴이다 어쩔래

한눈이라도 팔면
추상秋霜같은 불호령이 어김없이 떨어진다
애써 눈물을 삼킨다

호박엿

철그렁철그렁 쇠 부딪치는 소리
다 떨어진 고무신이 마루 밑을 나서고
구멍 난 양푼이가 줄을 선다

다른 건 몰라도 이것만은 물물교환物物交換
울릉도鬱陵島 호박엿이라고 열을 올린다
재담才談과 익살이 몸에 밴 탤런트다

엿판에 대고 너 댓 번 탁탁 치니 가래엿이 된다
헌책에서 찢어낸 종이가 포장지包裝紙다

녹진녹진한 걸 입 안에 넣고 우물거리면
달달한 그 맛은 비할 데가 없다

리어카에 고물古物들이 대충 차고
엿장수 탈탈 손바닥을 털면
지난번 맛보기에 재미 붙인 아이놈들
군침만 흘린 채 뿔뿔이 흩어진다

그 때 울릉도는 어디쯤 있었을까

엿치기

찬바람 멎은 어느 봄날
장(五日場)이 서기엔 아직 이른 편

약속이나 한 듯
장꾼 서넛 엿가락을 분지른다

딱 부러진 룰(規則)도 없다
연근蓮根처럼 구멍이 숭숭 뚫려도
한곳이라도 크기만 하면 이긴다
무승부無勝負 판정判定은 아예 없다

엿장수 은근히 내기를 부추기고
구경꾼들 한둘 더 엿판에 모여든다

공짜로 먹는 사람 쾌재를 부른다
덤터기 쓴 꼴등 아쉽기는 해도
즐거워하기는 매한가지

호탕豪宕하게 웃는 모습이 정겹기만 하다

그 시절의 만원滿員버스

정원定員의 두 배도 넘을 것 같다
꾸역꾸역 밀어 넣는다
나이어린 차장車掌 어디서 그런 힘이

용케 올라탔지만 개문발차開門發車
가운데 쪽으로 모는 척 하더니
급하게 갓 쪽으로 핸들을 꺾는다
짐짝처럼 떠밀리자 겨우 문이 닫힌다

발 디딜 틈도 없는 버스 안
고래고래 내지르는 아우성
아랑곳없는 듯이 차는 달린다
옷은 구겨지고 신발은 밟혀 엉망이다

냉난방冷煖房, 그건 먼 훗날의 이야기
어쩌다 고장故障이라도 나는 날엔
길에서 죽치고 다음 버스 기다리는 수밖에

정체불명의 음성신호音聲信號 "도~도 오이" 버스는 서고 또 달리고

1960년대 초까지 부산의 대중교통은 주로 전차나 버스가 이용되었는데, 버스는 출퇴근 때 직장인과 학생들을 정원의 두 배 넘게 태운 채 달렸다. 태웠다는 말보다 짐짝처럼 실었다는 포현이 더 맞을지 모른다. 정원은 숫자상일 뿐 교통 문화의 개념은 없었다. "도~도"는 스톱-스톱이고 "오이"는 오라이를 줄인 버스 운전수運轉手와 여 차장女車掌간의 음성신호音聲信號로써 사용하던 은어隱語였다.

자치기

양쪽이 나란토록 뾰족하게 깎은
어른 한 뼘 남짓한 손가락 굵기의 나무막대

땅바닥에 쪽배모양의 작은 구덩이를 파고
이걸 비스듬히 걸치면
계집애의 부끄러운 곳과 흡사하게 닮는다

진지한 표정과는 달리
두 뼘 반 정도의 꼬챙이로 툭 건드려
튈 때 힘껏 치고 쌓인 답답함을 날려 보낸다

성性에 대한 이야기조차 금기禁忌로 여기던 때
사내아이들이 즐겼던 그들만의 놀이

다 큰 녀석들의 의미심장意味深長한 웃음에
뭔지도 모르면서 덩달아 따라 웃고……

새벽 샘터

여명黎明이 어둠을 밀어내면
일치감치 양동이를 이고 싸리문을 나선다
이때쯤이면 아낙들로 우물가가 부산하다
새벽공기를 가르는 두레박(轆轤) 부딪치는 소리
뿌옇게 밝아오는 아침을 맞는다

밤새 무슨 소식이 그렇게도 많았는지
대놓고 떠들다가
비밀秘密스런 이야기는 귓속말로 소곤댄다
갓 시집온 새댁은 못들은 척 해도
귀동냥 하느라 신경神經을 쓴다

담배쌈지와 복福주머니의 시대時代

할아버지 쌈지에 가득 채워진 엽연초葉煙草
곰방대에다 부싯돌과는 실과 바늘 같은 사이다

할머니 주머니엔 시집올 때 갖고 온 은가락지 한 벌
꼬깃꼬깃 접어둔 건 설날 아침 손자孫子 줄 돈이다

이웃마실 갔다 올 땐 언제나 박하사탕薄荷砂糖
기다리다 아이는 설핏 잠이 들고
선잠 깨울까봐 문지방을 살금살금 넘는다

퍼르러럭 간간이 문풍지門風紙 떠는 소리만 들릴 뿐
겨울의 밤은 조용히 깊어간다

유년시절幼年時節의 무계茂溪

대청천大淸川과 능동천陵洞川이 합수合水가 되고
옛부터 이곳을 무계茂溪라고 불렀다
바닥(河床)이 높아 방천防川으로 마을을 지켰다
번개가 치고 장대비(暴雨)가 퍼붓던 어느 여름날
불어난 흙탕물이 내(川)를 뒤덮고
금방이라도 범람할 것 같은 기세氣勢다
둥둥 북소리로 위급危急함을 알리자
동네사람 너 나 없이 허겁지겁 모여들어
가마니를 쌓고 밤샘을 했다
한바탕 난리를 치고 나면 둑은 조금씩 높아지고……
무계라는 동네, 예사 이름이 아니네

기다리던 설

작은설에 잠을 자면 눈썹이 센다기에
눈을 까집고 눈두덩에 침을 발라도
감기는 눈꺼풀은 무겁기만 하다

차례상茶禮床 준비에 여념 없던 정지(부엌-주방)
절구통에 찰떡 찧는 소리 철퍼덕대고
모락모락 김이 나던 시루떡이 생각난다

제사祭祀 때나 쓰던 유기鍮器, 많기도 하다
깨진 기와조각 곱게 빻아 채(篩)에 치고 물에 불려서
볏짚과 함께 쓱쓱 문질러 닦으면
놋쇠 녹(酸化銅)에 손바닥은 시퍼렇게 물들어도
그릇, 촛대燭臺, 향로香爐, 향합香盒은 명경明鏡 같았다

선반 위엔 배 구두라 부르던 검정운동화
장롱 속에는 새 옷과 양말
신발도 크고 옷도 헐렁한 게 한 터울 위의 치수다
그래도 그때는 마냥 좋았다

며칠 전부터 기다려지던 설날
섣달그믐은 길기만 했다

자전거 自轉車 추억

유난히도 핸들과 휠의 림이 반들거렸다
아버지가 아끼던 일본제日本製 미야타(宮田)

허락 없이 몰래 타는 재미는 말도 못했고
자전거가 흔치 않았던 때라 다들 부러워했다

한손은 손잡이를, 다른 손은 안장鞍裝을 잡고
다리를 옆으로 끼워 크랭크 페달을 밟았다
우리말인 줄로 알았던 요코노리(橫乘)

열 바퀴도 넘게 학교 운동장을 돌고 또 돌고
우스꽝스러운 꼴로 밖으로 나선 도로주행道路走行
넘어지지 않고 달리는 게 그저 신기할 뿐이었다

네•번•째•이•야•기

어머니 아버지

사모곡

어머니!
세월이 무척 빠릅니다
당신이 가신지가 벌써 열네 해가 되었습니다
내가 사는 삶 속에는 당신의 흔적이 배어 있습니다
눈이 뜨이고 귀가 열릴 때
사람 사는 이야기를 제게 들려주었지요
그때가 무척 그립습니다
“품어가 반길 이 없음에 그를 서러 하노라”고 한
어느 옛 시인의 시(時調)가 가슴에 와 닿습니다
이제야 늦게 철이 드는가봅니다
벌써 한해가 저물어 갑니다
지금은 열두 점을 친다고 하던 자정子正
문득 이때를 알리던 싸이렌 소리가 들리는 듯합니다
밤은 점점 깊어가고 있습니다

자상했던 아버지

밤늦은 시각
여느 때와 같이 갈아타던 시간에 맞춰 왔는데도
마지막 지선支線 버스가 방금 떠났단다
텅 빈 몇 대의 차들만 줄지어 서있다

다행히 비는 그쳤긴 해도
이십 리나 됨직한 길을 혼자서 걸어가야 할 판
막막할 뿐 별 도리가 없다

화장막火葬幕을 지나쳐 오리五里쯤 걸었을까
산모퉁이에 누군가가 지은 작은 신당神堂
머리카락이 꼿꼿이 서고 소름이 끼친다(毛骨竦然)

다리를 건너 고개를 넘고
거기서 더 가야 우리 동네다

떠난 지 얼추 한 시간
갑자기 맞닥뜨린 흰 실루엣

한순간瞬間에 풀린 긴장緊張, 발을 뗄 수가 없다
두려움과 반가움이 동시에 겹친다

이제나 저제나 기다리다 좀이 쑤셔
노인네가 마중을 나왔단다
"마할라꼬 나왔능기요"
속에 없는 빈말이 입속에서 맴돈다

이 글은 필자가 제대 후 1년간 장유(현재 인구가 12만으로 면 단위로는 전국에서 가장 많음)라는 곳에서 부산으로 통학할 때 겪은 체험담이다. 막차는 그 때 김해 읍몹에서 마지막 영화상연이 끝나면 관람객을 수송하던 버스였는데 어쩌다 시간이 맞지 않아 한두 번 놓치게 되어 이십여 리의 밤길을 걸어야 했던 잊혀지지 않는 추억이다.

초판인쇄 | 2013년 4월 20일
초판발행 | 2013년 4월 26일

지 은 이 | 이 수 종
발 행 인 | 이 성 범
발 행 처 | 문 운 당
주 소 | 서울시 종로구 혜화로5길 16 (명륜1가 45-3)
대표전화 | (02) 762-6010
팩 스 | 영업부 (02) 745-0265 / 편집부 (02) 762-8758
홈페이지 | http://munundang.co.kr
이 메 일 | munun2@chol.com

ISBN 978-89-7393-998-5 03810

* 저자와의 협의에 의하여 인지를 생략합니다.

값 8,000원